Feinabgleich

Bärbel Maiberger

Feinabgleich

Bärbel Maiberger

Aphorismen, Haiku
und Sinnsprüche

Alle Rechte, insbesondere auf
digitale Vervielfältigung, vorbehalten.
Keine Übernahme des Buchblocks in digitale
Verzeichnisse, keine analoge Kopie
ohne Zustimmung des Verlages.
Das Buchcover darf zur Darstellung des Buches unter Hinweis auf den Verlag jederzeit
frei verwendet werden.
Eine anderweitige Vervielfältigung des
Coverbildes ist nur mit Zustimmung
des Coverillustrators möglich.

www.net-verlag.de
Erste Auflage 2016
© net-Verlag, Tangerhütte
© Coverbild: Detlef Klewer
Covergestaltung: net-Verlag
printed in the EU
ISBN: 978-3-95720-178-2

Ungerechtigkeit,

die ins Auge sticht, macht blind,

indem wir wegsehn.

Inhaltsverzeichnis

Kapitel I	Istwert	Seite 9
Kapitel II	Prüfwert	Seite 22
Kapitel III	Stellenwert	Seite 35
Kapitel IV	Nutzwert	Seite 48
Kapitel V	Messwert	Seite 61
Kapitel VI	Richtwert	Seite 74
Kapitel VII	Relativwert	Seite 87
Kapitel VIII	Trugwert	Seite 100
Kapitel IX	Fehlwert	Seite 113
Kapitel X	Hilfswert	Seite 126
Kapitel XI	Grenzwert	Seite 139
Kapitel XII	Zielwert	Seite 152

Kapitel I

Istwert

Die Wunde heilte.

Auch so kann man Narben sehen.

Vertrauen können

meint, auf der sich'ren Seite

stehn in jedem Fall.

Himmel auf Erden –

wo sich Nächstenliebe zeigt,

hat Friede Chancen.

Sich gewöhnen an

Unrecht will keiner, auch nicht,

wer es gewohnt ist.

Zwischenmenschlich zählt

zu den größten Katastrophen

die Gefühlskälte.

Von Liebe erfüllt,

bekommen Tage Gewicht

und fallen leichter.

Edelmut als Wort

ist im Duden zu finden –

als Eigenschaft rar.

Nächstenliebe ist

unabhängig von Herkunft

und konfessionslos.

Erst Wertschätzung macht

jede noch so geringe Tat

zu einem wichtigen Beitrag.

Moral verändert

außer der Einstellung – auch

die Möglichkeiten.

Die Wahrheit misstraut

eindrucksvollen Schnappschüssen –

macht sich selbst ein Bild.

Solange Ordnung

sich selbst im Chaos findet,

geht nichts verloren.

Kapitel II

Prüfwert

Prüfungen lehren

wie du dich selbst erfährst – das

prägt dein Bild von dir.

Vertrauen fordert

auch viel von dem Beschenkten.

Es gilt: Trau, schau, wem.

»Fühl dich wie zu Haus«

zeigt, wo die Hemmschwelle liegt –

nicht nur bei dem Gast.

Schnelle Lösungen

erheben nicht den Anspruch:

Auf Dauer haltbar.

Verleiten kann uns,

was uns Sicherheit gibt – zu

Trägheit wie Kühnheit.

Als Apfel mit einer Birne

verglichen zu werden, stört nicht,

wenn es von Vorteil ist.

Ins Wasser springen

muss auch die Liebe erst – mal

sehen, ob es trägt.

Beharrlichkeit krankt,

wo sie zum Krampf wird, zeigt sie

zwanghafte Züge.

»Nicht können« ist oft auch »nicht wollen«, doch vielleicht aus gutem Grund.

Zutage fördern

bringt Licht in die Sache – nicht:

hinterm Berg halten.

Schwarzmaler

nehmen allem die Leuchtkraft.

Das Leben ist bunt.

Als Widerspruch verkannt:

Offenheit und Abgrenzung

schließen sich nicht aus.

Kapitel III

Stellenwert

Auch der betet an,

der an nichts glaubt, als an sich

und seinen Verstand.

Satt ist der Zustand,

wo was man begehrte, nun

verzichtbar erscheint.

Nähe erleben –

als Sicherheit bestärkt sie,

uns zu vertrauen.

Rhythmus und Musik

schaffen Überein-Stimmung –

die Vernunft hängt ab.

Höchsten Stellenwert genießt,

wofür man sogar Nachteile

in Kauf nimmt.

Angst, Arbeit, Menschen –

was wir beiseite tun, wächst

zum Problem heran.

Nicht nur erkennen,

sondern auch anerkennen

stärkt die Berufung.

Der Widerstand wächst,

wo unser'n Gewohnheiten

die Gefährdung droht.

Ein guter Partner

pickt die Rosinen heraus

und teilt sie gerecht.

Fehler verteidigt,

wer sich wichtiger nimmt als

die Sache an sich.

Nicht alles Alte

wird auch hoch geschätzt –

doch das

macht es erst wertvoll.

Für das Vorankommen weniger

müssen viele oft

kürzer treten.

Kapitel IV

Nutzwert

Was man dem Verstand

sinnlich unterjubeln kann,

dem erliegt er.

Für mehr Aufmerksamkeit

macht sich der Mensch

sogar zum Affen.

Wenn es nicht genügt,

dein Bestes zu geben – ist's

Pech oder nicht deins.

Der Mühe wert – denn

auch oberflächlich Grobem

verleiht Feinschliff Glanz.

Ein Verfallsdatum

haben auch Wünsche.

Was endlich in Erfüllung geht,

kann man vielleicht

nicht mehr genießen.

Zu lachen hat, der

die Eitelkeit des Gegners

zu kitzeln versteht.

Wir verstecken uns

hinter Allgemeinplätzen –

Bloßstellung fürchtend.

Ein zerbeulter Schild –

von deinem Schutzbedürfnis

zeugt jede Macke.

Steigbügelhalter

leisten hilfreiche Stütze –

sind keine Diener.

Anwendung findet

nicht nur in der Politik

der Kuckucksei-Trick.

Nach-dem-Mund-Schwätzer

brauchen die Besserwisser

zur Meinungsbildung.

Eine Deadline trennt

das Hirngespinst von einem

durchführbaren Plan.

Kapitel V

Messwert

Überraschend schmal

ist der Grat, wo Vergnügen

plötzlich zur Last wird.

Vertrauensverlust

erzeugt Argwohn – es braucht Mut,

Ängste anzugehn.

Mental vollzogen

wird der Unterschied von

günstig und billig.

Trotz der zwei Seiten …

Maßgeblich ist, auf welche man

sein Augenmerk richtet.

Starke Verführer

Hormone und Eitelkeit –

der Verstand steht kopf.

Dein Lebensbild zeigt

die Summe deiner Pixel

an Erfahrungen.

Auch auf Partnersuche sollte man

beim Ausrichten der Antenne

die Wellenlänge berücksichtigen.

Musiktherapie –

Neuronen feiern ein Fest

und bitten zum Tanz.

Die Bereitschaft zu

Versagen ertragen, setzt

Selbstwert hohes Maß.

Viel Schutzraum braucht, der

sich schwer abgrenzen kann – das

legt man leicht falsch aus.

Gewohnheit entlastet

das Gedächtnis.

Umso besser, wenn es eine gute ist.

Das Unberechenbare

mit einzukalkulieren

relativiert alles.

Kapitel VI

Richtwert

Konkurrenten, die uns

nicht das Wasser reichen können,

sind Sympathieträger.

Wer Feedback fordert,

kann deshalb nicht zwangsläufig

Kritik ertragen.

Eine schlechte Tat

ist nicht stets das Resultat

böser Gesinnung.

Als Highlight gilt, was

nicht durch Routine verblasst,

die Leuchtkraft verlor.

Dass man uns in den Rücken fällt,

kann passieren.

Mut braucht ein breites Kreuz.

Richtig oder falsch –

wo nur das Ergebnis zählt,

wird gern Recht gebeugt.

Für Ignoranz stehn

die drei Affen – sie bringen

uns letztlich zu Fall.

Gewohnheitsrecht wird

das falsche Tun, wo niemand

Anstoß daran nimmt.

Einmal ist keinmal,

zieht keine Konsequenzen,

sondern: keinmal mehr.

Nun doch so zu sein,

wie man nie werden wollte,

erträgt nur Humor.

Verschwiegenheit

macht aus uns je nachdem

Vertraute oder Verräter.

Demut in Aktion:

Einer diene dem Andern –

jeder ist gemeint

Kapitel VII

Relativwert

Bei aller Liebe ...

Der Empfänger entscheidet,

was bei ihm ankommt.

Deine Entscheidung

bestimmt mit den Verlauf – auch

Raushalten wirkt sich aus.

Zwischen Angst schüren

und Bagatellisieren

ist Vernunft gefragt

Rücksicht hat Grenzen,

wo Tradition für Unrecht

als Alibi gilt.

Auf schwarzen Listen

bist du auch für den Rechtsstaat

nicht mehr schützenswert.

Zu wenig Rücksicht

gefährdet die Beziehung –

doch zu viel – hemmt sie.

Die sich hervortun

mit Förderungen – verschulden

oft erst den Bedarf.

Feste Grundsätze stehen

nicht unerschütterlich

auf sicherem Boden.

Mit Bruchstückwissen

schreiben wir Erkenntnis fest,

auf die wir bauen.

Problematisch ist

ein Zu in Verbindung mit

wenig oder viel.

Neid schlummert in jedem,

doch nicht immer hat er

einen leichten Schlaf.

Hängt der Haussegen ständig

schief,

rückt Tapetenwechsel

nur kurzzeitig das Problem

aus dem Blickfeld.

Kapitel VIII

Trugwert

Die Sicherheit trügt –

Überlegenheit schafft uns

Neider als Gegner.

Glorifiziert wird,

was sich nicht bewähren muss

in der Wiederkehr.

Einmal festgelegt

zeigt das Ideal von uns

doch nur ein Trugbild.

Jungbrunnen sprudeln:

Uns dürstet nach Altwerden,

ohne zu altern.

Volksherrschaft als Farce –

wo Geld das Sagen hat, herrscht

nicht Stimmengleichheit.

Nicht immer zum Schutz

halten wir die Hand auf was

wir beanspruchen.

Auch gut gemeinte

Überraschungen sind schlecht

für schwache Nerven.

Sich voll ins Leben stürzen,

kann auch eine Art sein,

vor ihm wegzulaufen.

Was du nicht erkennen willst,

entbindet dich nicht

der Verantwortung.

Falscher Stolz als Schutz

erweist sich als Bärendienst

dem, der Nähe sucht.

Manchmal enttäuschend

enden Geschenke als Spiegel

eigener Wünsche.

Teilkenntnis zieht leicht

folgerichtig Schlüsse, die

auf Irrtum beruhn.

Kapitel IX

Fehlwert

Hätte und wäre

hält dich ab von tun und sein –

verkennt das Leben.

Wer der Meinung ist,

das Leben schulde ihm was,

neigt zur Ausbeutung.

Unsre Eitelkeit

ist unser Fallstrick – Zeit zum

Reißleine-ziehen.

Selbstverliebte stehn

auf dem falschen Fuß – im Blick

auf »Liebe dich selbst«.

Wo Angst Not abtut,

fällt eine Hopp-Entscheidung

gegen Menschlichkeit.

Wird Böswilligkeit

der Schwäche angelastet,

trägt sie schwer daran.

Stärke zeigt nicht, der

zu seiner Bestätigung

den Schwächeren braucht.

Brandsprache heizt an,

Funken springen über – bringen

Feuerbrunst statt Licht.

Entscheidungsfinder

taubblind für Zwischentöne

bekennen Farbe.

Gefühle kippen,

wo Liebe verteufelt wird,

macht Hass Boden gut.

Daten sprechen nicht

mit – nur über Menschen – sind

manipulierbar.

Kurzschlussreaktion –

wenn der Geduldsfaden reißt,

entfällt die Gewähr.

Kapitel X

Hilfswert

Gutes, das wir tun,

geschieht nicht stets aus Liebe,

doch stärkt Beziehung.

Es braucht sie beide –

die Wegbereiter, wie auch

die Wegbegleiter.

Großer Verlust bleibt

von Schmerz erfüllt – es sei denn,

Sinn gewinnt an Raum.

Wiedergutmachung

als Geste oder Tat – ist

stets eine Option.

Was uns voranbringt,

ist Würdigung der Leistung –

nicht Lobhudelei.

Den Horizont anderer

als Anstoß nehmen,

den eigenen zu erweitern.

Gegen Angriff hilft

von jeher der Schulterschluss

als starkes Bollwerk.

Verdrängter Schmerz bleibt

unerkannt, bis er benannt

und akzeptiert – heilt.

Selbstüberwindung

in aussichtsloser Lage

ist oft die Rettung.

Wer will, doch nicht kann,

braucht Hilfestellung beim Sprung

über den eigenen Schatten.

Manch einer Gefahr

musst du dich entgegenstellen,

um ihr zu entgehen.

Angenommen sein,

ist angekommen sein – so

wird Fremde Heimat.

Kapitel XI

Grenzwert

Jedes Mal aufs Neu

hätte man gern gehört, wenn

man schon fühlen muss.

Ohne Einladung

kommt Kritik als Angriff an

und die Tür schlägt zu.

Wer übers Ziel schießt,

zieht meist den Kürzeren –

auch in der Liebe.

Das Bedürfnis nach

Privatsphäre ist nicht gleich

wichtig für jeden.

Das Geringe sich groß denken

und damit rechnen, kann

nicht die Kleinkrämerseele.

Auch wer in sich ruht,

kann außer sich geraten,

wenn man den Nerv trifft.

Wer auf der Stelle tritt,

jedoch keine Schritte wagt,

verpasst, dass was geht.

Fatale Blindheit herrscht,

wo keiner einsehen will –

anders ist nicht falsch.

Nach Niederlagen

werden Karten neu gemischt –

nimm auf, teil aus, misch mit!

Nicht nur die Güter –

erst wo wir Werte teilen,

wächst was zusammen.

Beständigen Halt

gibt Hilfe zur Selbsthilfe –

sie bestärkt Menschen.

Spielraum nach oben,

– egal auf welcher Leiter –

lässt nur der

status quo ante.

Kapitel XII

Zielwert

Nicht auf Ruhm bedacht

sind rühmliche Beiträge

zum Wohl der Menschen.

Infrage stellend

sät List zielgerichtet

Zweifel, das Unkraut.

Mut ist ein Rebell,

der die Angst kennt, doch ihr trotzt

das Ziel vor Augen.

Manchmal braucht es nur

aufrichtiges Mitgefühl

statt Aktionismus.

Wir schließen Türen …

ein für allemal – heißt auch:

Schlüssel abgeben.

Schuld belastet uns.

Sündenbock als Not-Lösung

hat nie ausgedient.

Notfallbereitschaft

meint nicht, das Leben darauf

zu fokussieren.

Du erschaffst dich neu

in Bildern, Worten, Musik –

gegen Selbstverlust.

Stets zielgerichtet

umgehen Begründungen

gern den wahren Grund.

Weit kommt die Lüge,

wo sie sich andrer bedient –

trotz kurzer Beine.

Um eine negative Einstellung

aufgrund eines Versagens

zu löschen, bedarf es

mehrerer erfolgreicher Klicks.

Nur der kann wachsen

an Herausforderungen,

der nicht gleich nein sagt.

Bärbel Maiberger,*1954 in Mühlacker; Verwaltungsbeamtin bis 2000. Ein Jahr Auslandsaufenthalt mit der Familie. Danach und aktuell Lehrerin für Deutsch als Fremdsprache. Veröffentlichung von vorwiegend Lyrik ab 2002, zudem Prosa, Haiku und Aphorismen in Literaturzeitschriften, zahlreichen Anthologien und im Internet, Lesungen. Gedichtband »SCHNITT:STELLEN«, erschienen 2008 im Engelsdorfer Verlag, Aphorismen »Den Nerv getroffen« 2013, Verlag Bauschke, Glödnitz, Österreich.

»SCHRITT:FOLGEN«, erschienen 2014 im net-Verlag.

»DENKFUTTER«, erschienen 2015 im net-Verlag.

Auszeichnungen u.a. beim Literaturwettbewerb Skulpturenweg Kaufbeuren.

www.baerbel-maiberger.de